Sube de nivel en los videojuegos

LORI DITTMER

Bolt es una publicación de Black Rabbit Books
P.O. Box 227, Mankato, Minnesota, 56002.
www.blackrabbitbooks.com

BOLT

Alissa Thiegles, editora; Rhea Magaro, diseñadora de los interiores e investigación fotográfica

Información del catálogo de publicaciones de la Biblioteca del Congreso
Names: Dittmer, Lori author
Title: Sube de nivel en fortnite / by Lori Dittmer.
Other titles: Level up Fortnite. Spanish
Description: Mankato, MN : Black Rabbit Books, [2026] | Series: Sube de nivel en los videojuegos | Includes index. | Audience: Ages 8-12 |Audience: Grades 4-6
Identifiers: LCCN 2025018430 (print) | LCCN 2025018431 (ebook) | ISBN 9781645827092 library binding | ISBN 9781645827177 ebook
Subjects: LCSH: Fortnite video games—Juvenile literature
Classification: LCC GV1469.35.F67 D5818 2026 (print) | LCC GV1469.35.F67 (ebook) | DDC 794.8--dc23/eng/20250621
LC record available at https://lccn.loc.gov/2025018430

Impreso en China

Image Credits

Dreamstime/Aksitaykut, 24; Getty Images/Benedikt Wenck/picture alliance, 24; Epic Games, cover, 1, 3, 4–5, 6, 7, 8, 11, 12, 13, 14, 15, 16, 17, 18, 20, 21, 23, 27, 28, 31, 32; Shutterstock/AI Generator, cover, 9, icon0.com, 25, jamesteohart, 7, lazy_leric, 27, Oleh Veres, 26.

CONTENIDO

CAPÍTULO 1

¡TODOS A BORDO!

Un niño elige el **modo** *Fortnite Battle Royale*. Va a la Isla de Inicio. Recoge un arma. Pronto, todos están listos. Suben al Autobús de Batalla. Vuela por el cielo. Luego, el niño salta. Al aterrizar, ve un cofre. ¡Genial! Toma el **botín**. Está listo para luchar.

Cada partida de Battle Royale **dura unos 20 minutos.**

MODOS DE JUEGO

Salvar el Mundo

Creativo

LEGO Fortnite

Fortnite Battle Royale

Fortnite es un videojuego de disparos en tercera persona. Epic Games lo lanzó en 2017. Los jugadores pueden elegir entre varios modos. El más popular es *Fortnite Battle Royale*. En este modo, 100 jugadores están en una isla. Luchan entre ellos. El último en pie gana. Muchas personas juegan **en solitario**. También se pueden formar equipos de dos o de cuatro jugadores.

Rocket Racing

CAPÍTULO 2

PRIMEROS PASOS

Los jugadores caen a la isla desde el autobús volador. Buscan armas. Con un pico golpean árboles, paredes y autos. Estos objetos se descomponen en madera, piedra y metal. Los jugadores los usan para construir **fuertes** y rampas. Pero todos deben seguir avanzando hacia el centro de la isla. En el fragor de la batalla, se desata una tormenta. Reduce poco a poco el área de juego.

La zona segura es el ojo de la tormenta. Se achica a medida que avanza la partida. Esto obliga a los jugadores a acercarse.

EN NÚMEROS

650 millones

CANTIDAD DE PERSONAS QUE SE HAN REGISTRADO PARA JUGAR HASTA 2025.

30 millones

Cantidad de usuarios activos por día en 2024.

26 de septiembre de
2017
Fecha de lanzamiento de Fortnite Battle Royale.

14 343 880 **Máximo histórico de personas jugando al mismo tiempo.**

Estadísticas y más

Las armas y los objetos están escondidos por toda la isla. Hay varios tipos. Todos brillan. El color indica su poder. A veces hay objetos especiales. Pueden ser ballestas o lanzagranadas. Son difíciles de encontrar. Los botiquines y las pociones de escudo son útiles. Cada jugador puede llevar hasta cinco objetos a la vez.

TIPOS DE OBJETOS
Según el color

Común

Poco común

Raro

Épico

Legendario

Mítico

Exótico

150 150
EDIT

Construir estructuras

Los jugadores usan **recursos** para construir. La madera es el material más débil. Pero las estructuras de madera se construyen más rápido. El metal es el más resistente. Las construcciones les dan a los jugadores una mejor vista de la isla. Esto ayuda a encontrar enemigos o saquear. Si los jugadores están heridos, construyen fuertes. Estos los protegen de los ataques mientras se curan.

Una bomba boogie obliga a otro jugador a bailar durante cinco segundos.

Los jugadores usan movimientos de baile para celebrar una victoria. También bailan para burlarse de sus enemigos. Algunos bailes populares son Griddy o ¿Te crees el rey?

Ganar experiencia

Fortnite Battle Royale es gratis. El dinero del juego se llama monedas V. Se puede ganar completando misiones. Las monedas V sirven para comprar atuendos o "skins". También se pueden comprar movimientos de baile, llamados gestos.

Los jugadores también ganan puntos de experiencia (EXP). Jugar LEGO Fortnite da 46 000 EXP cada 15 minutos. Las misiones diarias también dan EXP. Juntar EXP desbloquea recompensas.

Battle Royale tiene varios capítulos. Cada uno tiene una historia y un tema. Algunos temas populares han sido superhéroes, alienígenas y Star Wars. El mapa de la isla también cambia. Los jugadores pueden mejorar estudiando el mapa. Cuanto más juegan, más aprenden la distribución.

SNOBBY SANDS
FOSSIL FIELDS
LIZARD LINKS
ADOBE ABODES
PARADISE PALMS
FTS
GUACO TOWN
SHADY SPRINGS

HABLAR CON LOS PNJ

Muchos personajes no jugables (PNJ) merodean la isla.

NO AMISTOSOS
ATACAN A LOS JUGADORES

MIDAS

ORELIA

CUBE ASSASSIN

ANIMALES
ÚTILES

JABALÍES

POLLOS

PARÁSITOS ALIENÍGENAS

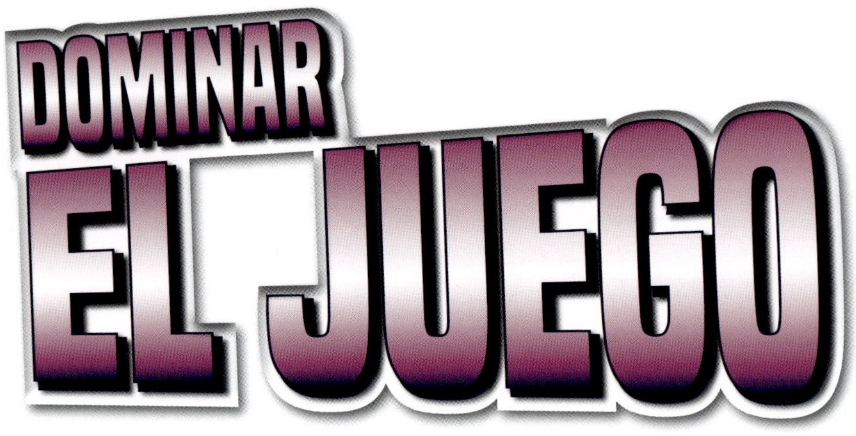

DOMINAR EL JUEGO

Battle Royale reúne a los jugadores según sus habilidades. Algunos pueden ser **bots**. Esto hace que las partidas sean más justas. El modo Clasificatoria es más difícil. Los jugadores suben de rango al ganar partidas. También pueden completar desafíos. Ambos otorgan puntos. El rango promedio de los jugadores es Plata u Oro.

CLASIFICATORIAS DE FORTNITE

	I	II	III
BRONCE			
PLATA			
ORO			
PLATINO			
DIAMANTE			
ÉLITE			
CAMPEÓN			
IRREAL			

FORTNITE

CIRCLE NUMBER 2/9
STORM CLOCK 1:32
PLAYERS REMAINING 78/100
SCARLET
WADE

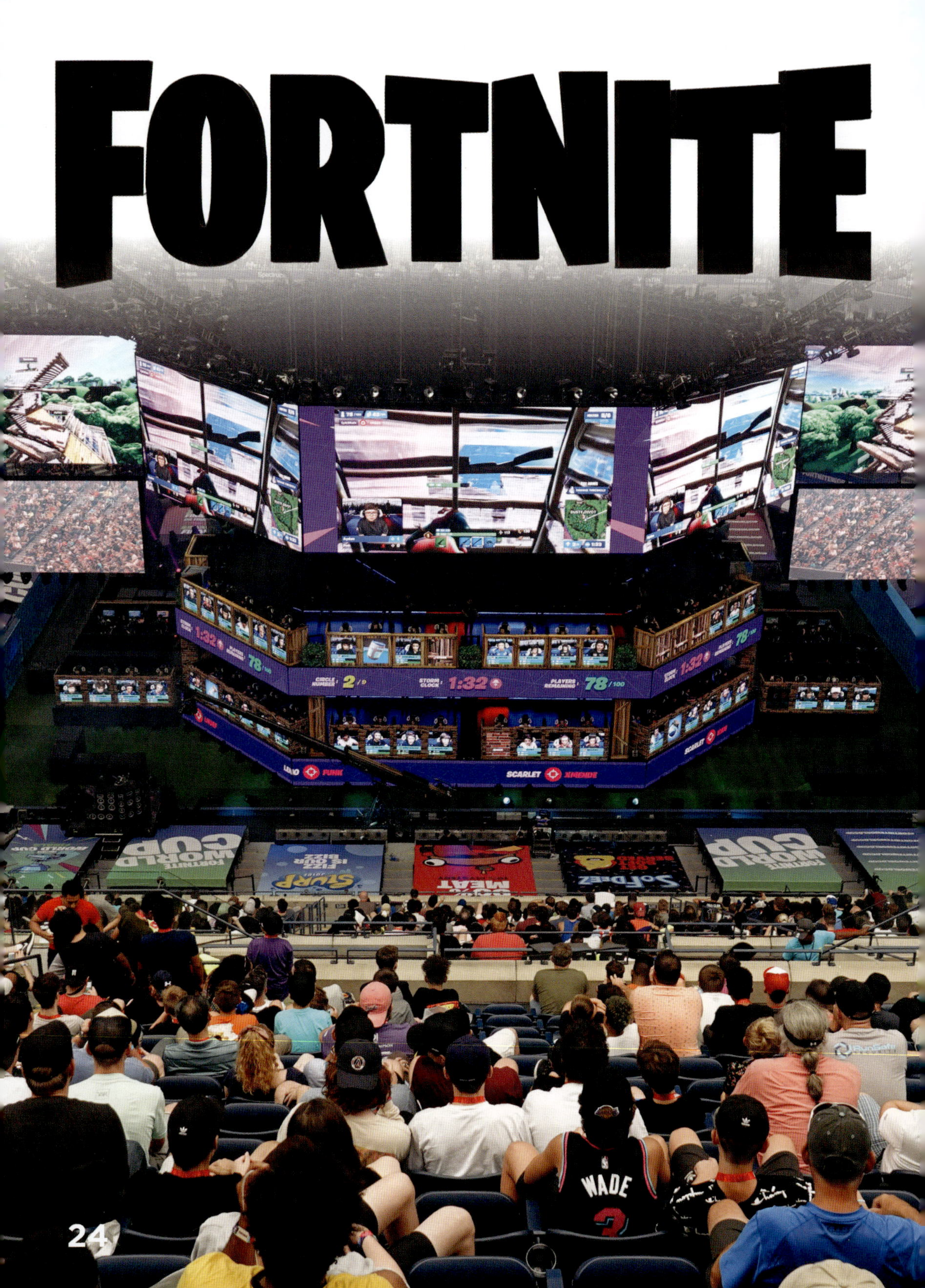

Esport profesional

Fortnite es un **esport** popular. Muchas escuelas tienen equipos. Los jugadores con rangos altos podrían volverse profesionales. Compiten en torneos importantes. Uno de ellos es la Copa Mundial de Esports. Dieciséis equipos se enfrentan por la victoria. La *Fortnite* Championship Series es otra competencia importante. Participan los 50 mejores equipos.

JUEGA COMO los profesionales

Practica, practica, practica.
Los jugadores profesionales entrenan de 5 a 10 horas por día.

Mejora tu coordinación.
Intenta aumentar tu velocidad.

Mejora tu puntería.
Practica disparos en el modo Creativo.

Mira cómo juegan otros.
Sigue a los profesionales que transmiten sus partidas en **streaming**.

Bugha
(Kyle Giersdorf)
USD 3.7 millones

Aqua
(David Wang)
USD 2.2 millones

Psalm
(Harrison Chang)
USD 1.96 millones

EpikWhale
(Shane Cotton)
USD 1.84 millones

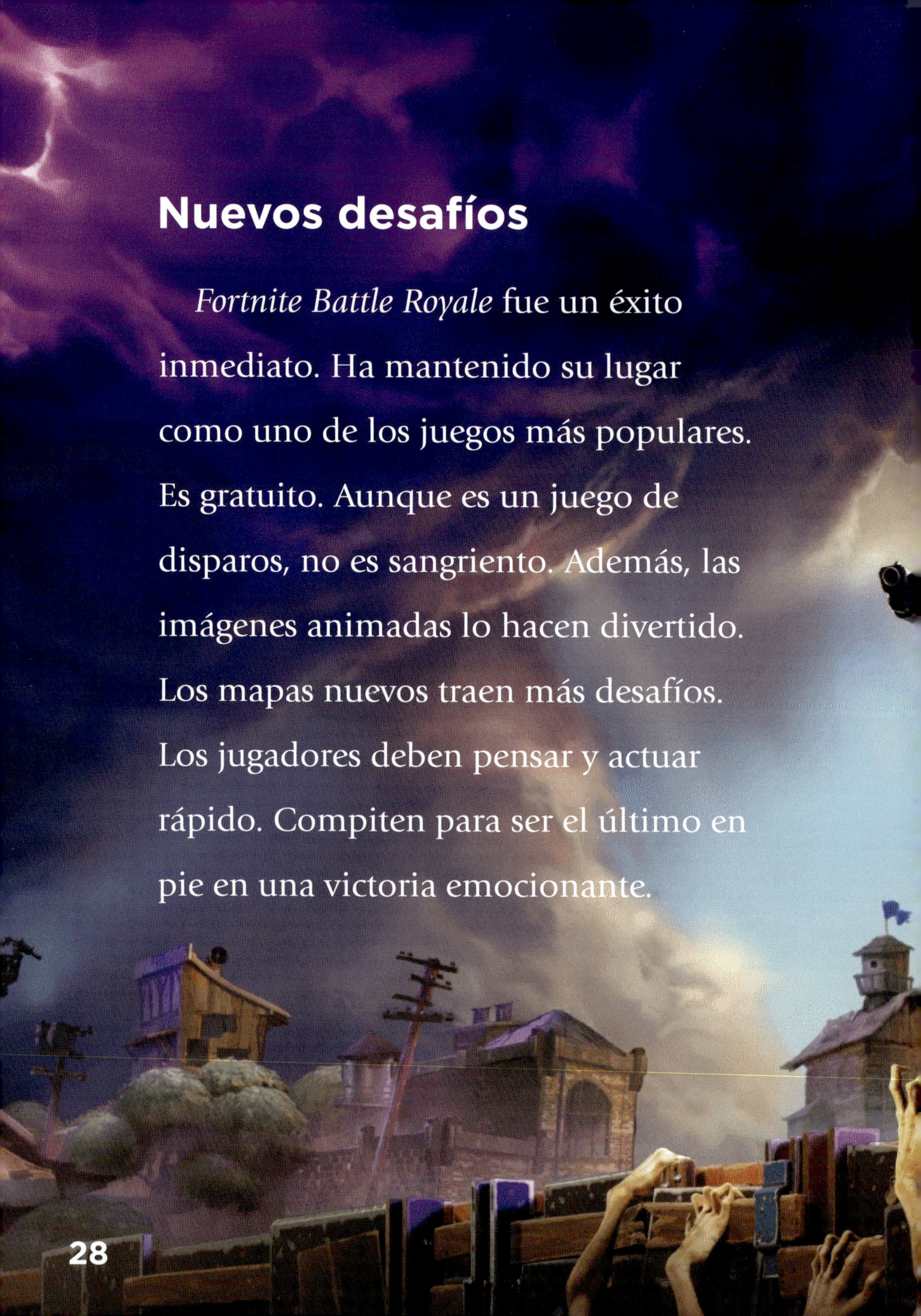

Nuevos desafíos

Fortnite Battle Royale fue un éxito inmediato. Ha mantenido su lugar como uno de los juegos más populares. Es gratuito. Aunque es un juego de disparos, no es sangriento. Además, las imágenes animadas lo hacen divertido. Los mapas nuevos traen más desafíos. Los jugadores deben pensar y actuar rápido. Compiten para ser el último en pie en una victoria emocionante.

GLOSARIO

bot: programa informático diseñado para realizar tareas por sí solo

botín: objetos valiosos que se pueden obtener de un enemigo derrotado o de un cofre

en solitario: algo que se hace sin compañía de otra persona

esport: videojuego competitivo

fuerte: construcción sólida o grupo de estructuras donde viven los luchadores

modo: conjunto de reglas dentro de un juego que definen cómo se juega

recurso: concepto o elemento que puede medirse o contarse y que está bajo el control del jugador

streaming: transmisión o recepción de material de video o audio por internet de forma continua

ÍNDICE ALFABÉTICO